NOTICE HISTORIQUE

SUR

M. ABEILLE DE PERRIN

L'un des Membres Fondateurs de la Société d'Horticulture de Marseille,
et son premier Président,

PAR

Le Dr Adrien SICARD

Officier de l'ordre Royal de François Ier des Deux-Siciles et du Nicham-Iftichar de Tunis;
Secrétaire général de la Société d'Horticulture de Marseille;
Vice-Président de la Société départementale d'Agriculture des Bouches-du-Rhône;
Membre actif de la Société de Statistique de Marseille;
Membre correspondant de plusieurs sociétés savantes, etc.

MARSEILLE

TYPOGRAPHIE ET LITHOGRAPHIE CAYER ET Cie
Rue Saint-Ferréol, 57

1869

NOTICE HISTORIQUE

SUR

M. ABEILLE DE PERRIN

NOTICE HISTORIQUE

sur

M. ABEILLE DE PERRIN

L'un des Membres Fondateurs de la Société d'Horticulture de Marseille,

et son premier Président,

PAR

Le Dr Adrien SICARD

Officier de l'ordre Royal de François Ier des Deux-Siciles et du Nicham-Iftichar de Tunis ;
Secrétaire général de la Société d'Horticulture de Marseille ;
Vice-Président de la Société départementale d'Agriculture des Bouches-du-Rhône ;
Membre actif de la Société de Statistique de Marseille ;
Membre correspondant de plusieurs sociétés savantes, etc.

MARSEILLE

TYPOGRAPHIE ET LITHOGRAPHIE CAYER ET Cie

Rue Saint-Ferréol, 57

1869

NOTICE HISTORIQUE

SUR

M. ABEILLE DE PERRIN

L'un des Membres fondateurs de la Société d'Horticulture de Marseille
et son premier Président.

Dans la séance du mois de janvier 1869, la Société d'horticulture
de Marseille avait chargé son secrétaire-général de faire une notice
sur M. Abeille de Perrin, le premier président de notre Société ;
pensant qu'il était du devoir des corps constitués, de rendre un dernier hommage à l'homme dévoué qui fonda l'une des institutions
les plus utiles à la ville de Marseille, et dont l'initiative lui appar-
tient. C'est pour obéir à cette mission que nous allons passer en
revue la vie de notre cher président honoraire, qui siégeait parmi
nous depuis vingt-deux ans.

Abeille de Perrin (Paul-Emmanuel) est né dans l'Italie, le 20 janvier 1797, d'une famille honorable de Marseille que la tourmente
révolutionnaire avait obligée de s'expatrier. Dès que les temps furent
meilleurs, les père et mère de notre collègue retournèrent dans cette
ville où ils ont toujours habité la maison paternelle, rue Grignan 7 ;
c'est là que nous avons été prendre notre cher Président honoraire
pour le conduire à sa dernière demeure.

Homme d'étude et d'intelligence, dont il a fait preuve dans les
affaires, d'une probité hors de toute atteinte, amateur de tout ce qui
pouvait être utile, industrieux de ses mains, Abeille de Perrin ne
pouvait être insensible au goût des fleurs que dès son enfance il
avait aimées.

Membre du Comice agricole de Marseille et l'un de ses fondateurs, il y parla toujours des fleurs, des fruits, des légumes et de leur culture. D'accord avec plusieurs de ses collègues, il obtint que le Comice se divisât en deux sections, l'une d'agriculture et l'autre d'horticulture. Cette dernière fut présidée par M. Viguier et fit une première exposition dans le jardin de l'Hôtel d'Orient, rue Mazade, en mai 1846.

A la suite de cette exhibition, les membres de la section agricole du Comice trouvèrent que l'horticulture faisait trop de dépense, la caisse étant commune pour les deux sections; de là, un froissement, d'où naquit la Société d'horticulture de Marseille.

L'honorable M. Viguier décéda dans le courant de l'année, et la section horticole du Comice désigna, par un suffrage unanime, M. Abeille de Perrin pour la présidence. Celui-ci, fort de l'appui de deux cents membres, proposa, le 21 octobre 1846, la scission complète entre le Comice agricole et la section d'horticulture.

Des études qui furent faites dans ce but, il en résulta un règlement qui fut adopté par tous, dans la séance du 23 novembre 1846. Telle fut la fondation de la Société d'horticulture de Marseille à laquelle nous avons l'honneur d'appartenir.

M. Abeille de Perrin était un homme de l'ancienne roche; toujours au travail, on ne le rencontrait jamais dans les cafés, ni les billards, comme les jeunes gens de notre époque. Par un labeur incessant, il avait amassé un petit pécule, lorsqu'en 1847 il abandonna les affaires et s'adonna tout à fait à l'horticulture et aux bonnes œuvres.

Président de la nouvelle Société d'horticulture, secondé comme secrétaire par M. Allibert, père de celui que nous avons le bonheur de voir siéger à côté de nous, ils se mirent tous deux à l'œuvre avec ce courage et cette énergie qui distinguent celui qui est véritablement un homme dans toute l'acception du mot.

La Société fit une Exposition dans le local de l'Hôtel d'Orient, les 26, 27 et 28 mai 1847. Cette exhibition fut très-belle; nous nous en rappelons avec plaisir; l'enthousiasme pour les fleurs fut immense à Marseille, et les applaudissements ne manquèrent pas quand M. le président, dans son discours, rappela la fondation de la Société et combien les autorités de cette époque avaient mis de zèle pour donner les autorisations nécessaires à la constitution de la Société d'horticulture de Marseille.

Un appel chaleureux fut fait aux dames pour devenir patronnesses de l'œuvre nouvelle; des conseils sages furent donnés aux horticulteurs pour les engager à cultiver les bons légumes et à faire des pépinières bien tenues, car à cette époque elles laissaient beaucoup à désirer.

L'exhibition publique du Concours de fleurs et de fruits faite à l'Hôtel d'Orient, les 11, 12 et 13 septembre 1847, fut plus remarquable que la précédente. M. Abeille de Perrin présenta pour la première fois au public étonné, de magnifiques patates récoltées à Marseille dans sa propriété du Portail-Vert à Sainte-Marguerite.

Ce fut au Château-des-Fleurs qu'eut lieu l'Exposition des 10, 11, 12 et 13 octobre 1848; c'était le 25 février qu'on aurait dû l'ouvrir; mais elle ne put avoir lieu à cause des événements politiques. Malgré l'éloignement de la ville, les visiteurs furent nombreux et de grandes fêtes pyrotechniques eurent lieu à cette occasion dans le Château-des-Fleurs. C'était la première fois que l'on voyait à Marseille une exposition de fruits.

M. Abeille de Perrin, dans son discours, appela l'attention des horticulteurs sur le génie de l'homme appliqué à la fécondation artificielle des plantes.

Dans l'année 1849, il y eut encore une Exposition au jardin de l'Hôtel d'Orient ; elle eut lieu les 19, 20 et 21 mai. M. Abeille de Perrin, président, parla longuement dans son discours, d'une remarquable collection de tous les froments connus, qui fut envoyée de Paris à l'Exposition de Marseille par M. Victor Paquet, rédacteur du journal l'*Instructeur Jardinier*; il fait remarquer que, pour la première fois, nous avons un exposant étranger à la localité et il nous arrive de Paris.

C'est la première année qu'une dame expose en son nom une corbeille de roses; c'est Mme A. Massot, de Marseille, qui donne ce bon exemple; les félicitations de la Société lui étaient légitimement acquises.

Nous retrouvons, dans le local ci-dessus mentionné, l'Exposition des 21, 26 et 27 mai 1850, et le président n'a garde de féliciter M. et Mme Borel, les propriétaires de l'Hôtel d'Orient, qui veulent bien accueillir gratuitement dans leur jardin l'Exposition de la Société.

Les 1er, 2 et 3 mars 1851 sont une époque mémorable, car l'on a pu faire, pour la première fois à Marseille, une Exposition d'hiver et elle siége dans la salle du rez-de-chaussée de l'Hôtel-de-Ville, salle dite de la Bourse.

Dans son discours d'ouverture, M. Abeille exprime la gratitude de la Société envers M. le Maire de Marseille et les exposants.

Cette même année, nous nous retrouvons dans la même salle pour une Exposition d'automne qui a lieu les 11, 12 et 13 octobre.

Pour la sixième fois, M. Abeille de Perrin est réélu président à l'unanimité des suffrages. Lors de la distribution des récompenses, qui a eu lieu le 16 novembre dans une des salles de l'Hôtel-de-Ville, le président fait ressortir dans son discours que M. le Préfet du département a proposé au Conseil général, d'attribuer à la Société d'horticulture de Marseille, les droits conférés par la nouvelle loi aux Comices agricoles, et à la suite de cette proposition, le Conseil général du département des Bouches-du-Rhône confie à la Société l'élection des trois cantons intérieurs de Marseille qui doivent nommer des représentants à la Chambre consultative d'agriculture du département. Inutile de dire que les remercîments de la Société étaient acquis à M. le Préfet et que cette marque de bienveillance souleva dans la salle des applaudissements unanimes.

Passant ensuite à des sujets horticoles, M. Abeille de Perrin parle de la culture des arbres fruitiers en pots et des arbres fruitiers lilliputiens des Chinois, qui n'ont que cinquante centimètres de hauteur, ce qui ne les empêche pas d'être couverts de fruits énormes.

Cette exhibition n'a pas d'antécédents dans la Société, les fruits y abondent et beaucoup d'étrangers ont pris part à cette Exposition, ce dont M. le Président se félicite.

L'an 1852, nous retrouvons encore le président et le secrétaire à leur poste pour installer une magnifique Exposition, les 14, 15 et 16 mai.

Ce fut sur la place Saint-Ferréol, au milieu des marronniers qui l'ombrageaient à cette époque, qu'eut lieu la distribution des médailles.

M. Abeille remercie le Maire de la ville d'avoir bien voulu accorder cette magnifique place ; le directeur des eaux du Canal reçoit aussi des félicitations pour les eaux jaillissantes qui rafraîchissent le lieu de l'Exposition, et l'autorité militaire, qui a fait garder gratuitement l'enceinte et accordé la musique, est remerciée de sa bienveillance.

C'est pour la première fois que nous voyons dans tous les concours une seule catégorie d'exposants et que les dames patronnesses accordent à la Société des médailles d'or et de vermeil. C'est à M. Pascal Roubaud qu'on doit l'institution de ces dames, qui font une loterie de leurs ouvrages, dont le produit est affecté à l'achat des médailles.

Le président remercie M. Chaix, directeur de l'*Horticulteur Provençal*, journal mensuel d'horticulture, et M. Tardif, propriétaire du Jardin d'expérimentation si bien dirigé par M. François Ferrand.

A la fin de cette année, M. Abeille de Perrin, à la suite d'une grave maladie, résilie ses fonctions de président et désigne pour lui succéder M. Allibert, qui est secrétaire depuis la fondation de la Société. L'unanimité des suffrages est acquise à M. Allibert qui est remplacé dans ses fonctions par M. le D' A. Sicard.

M. Abeille de Perrin reçut le titre de président honoraire comme une juste récompense de ses peines et soins pour la Société qu'il a fondée.

Nous voyons de nouveau au milieu de nous M. Abeille en 1854, époque de la fondation de la *Revue horticole des Bouches-du-Rhône*. La mort venait de nous ravir M. Allibert, notre président, qui fut remplacé par M. Adrien Lucy.

Vous trouverez dans le premier volume de la *Revue horticole*, un rapport de M. Abeille sur les renoncules de M. Barthélemy Carle, travail dans lequel notre président honoraire donne les procédés par le moyen desquels on peut obtenir de belles renoncules.

Au mois de janvier 1856, M. Abeille est désigné pour rédiger en chef la *Revue horticole* et les travaux suivants, dus à sa plume facile, se trouvent dans ce second volume. Ce sont :

Des Notes à la suite du *rapport* de M. Lucy sur le catalogue du Jardin botanique de Dijon ; une *lettre* sur l'Exposition universelle de Paris ; un *rapport* sur le *Traité des pélargoniums*, par M. Thibault ; un *rapport* sur la serre de M. Grandval ; un *article* sur une nouvelle taille pour les platanes qu'on vient d'introduire à Marseille et un *rapport* sur la manière de faire sécher les raisins de Malaga pour lesquels les gens du pays choisissent celui qu'ils appellent *Muscatelle.*

Vous trouverez dans le volume suivant, 1856-1857, un *rapport* fait au nom de la Commission de pleine terre dont M. Abeille était président ; il s'agit des dahlias de semis de MM. Allègre et Besson.

Un autre sur les Hydrangées de semis de M. Damour.

Des articles sur le *Magnolia grandiflora*, du *Pauwlonia Imperialis* ; les Pépiniéres à mauvais terrain ; Culture sous notre climat des plantes tropicales ; Puissance de developpement de quelques végétaux ; Truffes à volonté, et un *rapport* sur la Poudre insecticide.

Passant à l'année 1858, nous trouvons du même auteur un *article* sur le *Blé momie*, et *le Cactus* à grande fleur, travail dans lequel M. Abeille parle d'un de ces végétaux qui existait à Ste-Marguerite dans la serre de M. de Voulx, lequel portait 110 fleurs dans la saison.

De la Culture du fraisier en pot ; un *article* sur les Graines alpines distribuées par M. l'abbé Leautier ; Excursion horticole à la Sainte-Baume ; Des truffes et des truffières artificielles, plus un *mémoire* sur la Violette double et le moyen d'en avoir tout l'hiver.

En 1859, M. Abeille était encore président de la Commission des plantes de pleine terre, et il fait un long *rapport* sur les visites de cette Commission dans vingt-trois propriétés sises dans le territoire de Marseille.

Plus, un *article* sur l'Engrais que préfèrent les plantes, qu'on va

chercher bien loin et qu'on a près de soi : ce sont les urines putré-
fiées mêlées de un à quatre cinquièmes d'eau.

Excursion à Toulon et à Hyères les 13 et 14 juin, à l'occasion de
l'Exposition Toulonnaise. M. Abeille donne d'excellents renseigne-
ments sur tous les jardins de Toulon et d'Hyères.

Des végétaux des Tropiques, à grands feuillages, cultivés à l'air
libre. C'est à partir de cette époque que M. Abeille étudie le *Gynerium Argenteum* dont il a obtenu par des semis le *Gynerium
palmatum*.

En 1860, notre président honoraire est encore à la tête de la Commission de pleine terre. Dans un article intitulé : *Floraison simul-
tanée à Marseille de deux agaves;* il rend compte d'une Visite faite
au château des Tours, chez M. de Foresta.

Le Compte-rendu du Concours régional de Montpellier et un
article nécrologique sur M. Salze, directeur du Jardin des Plantes
de Marseille, complètent ses travaux de l'année.

Un *article* sur l'acclimatation, un autre sur la Fructification des
lis et un *rapport* sur la Culture geothermique proposée par
M. Charles Naudin, se trouvent dans le recueil de l'année 1861.

Pendant l'année 1862, M. Abeille publie divers *articles*, savoir:
une Notice sur les graines distribuées par la Société, et d'autres sur
l'*Helianthus nanus*, le *Riccinus rutilans*, le *Callirhoe pedata*, le
melon-pomme *Brahma*, l'*Ipomœa limbata elegantissima* et le
Nicotiana sanguinea. Ces travaux sont le résumé de ses études
pratiques.

Président de la Commission des serres en 1863, notre collègue
fait un *rapport* sur un semis de *Gloxinias* et une collection d'*achi-
mènes* cultivés par M. Lieutaud, jardinier chez M. le président Luce.

M. Abeille, pendant l'année 1864, publie un rapport sur les cultures forcées de M. Pierre Corbonnois, jardinier en chef chez M. Ralli
à Bonneveine ; un autre, sur les cultures de M. Musillet, jardinier
chez M. Loire, à Saint-Joseph ; le troisième, sur les cultures de
Calcéolaires herbacées de MM. Pascal Roubaud et Antoine Bon-
nefoy ; plus, un travail sur de nouveaux concours à introduire
dans nos programmes d'expositions.

C'est à M. Abeille qu'on doit l'initiative du concours accordant 500 francs et des médailles aux auteurs d'un *Manuel* d'horticulture maraîchère spéciale à l'arrondissement de Marseille. Malheureusement ce concours n'a jamais pu aboutir à un bon travail, qui serait cependant bien nécessaire pour nos jardiniers.

En 1866, M. Abeille est chargé du compte-rendu de la Commission des finances. Il prononce sur la tombe de M. Lion, bibliothécaire de la Société, un discours remarquable et fait un *rapport* des plus utiles sur la foire de Saint-Jean à Marseille.

Nous le retrouvons en 1866 faisant, au nom de la Commission de pleine terre, un *rapport* sur une visite à Saint-Barnabé : la Grande-Bastide, appartenant à M. Néri, et la propriété de M. Cucurny.

Les années en augmentant accroissent le courage de M. Abeille car, en 1867, il produit quantité de travaux.

Visite chez M. Hesse à Sainte-Marguerite *(Eucalyptus Globulus)*,

Le *Vétiver à Marseille,* travail pratique résultant de plusieurs années d'études dans sa propriété du Portail-Vert.

Un *article* sur : De la possibilité de faire du caoutchouc indigène en France avec le suc des Euphorbes et Titimales.

Un charmant *travail* intitulé : Un bouquet de M. Gauthier.

Rapport sur la laine des forêts, produits tirés du pin maritime ou pin d'Alep.

Visite aux cultures de M. Alphonse Grisel, jardinier au château des Aygalades ; un autre *travail* sur les Produits tirés des feuilles de pin.

Un article sur le *Gynerium palmiferum* que M. Abeille de Perrin a obtenu de ses semis, un autre sur le Fenouil à côte pleine d'Italie et un *rapport* au nom de la Commission des prix.

L'année 1868 ne peut passer sans des travaux importants, c'est ainsi que M. Abeille fait un article sur le Blanchiment des lis, une Notice sur le patriarche des orangers de France et un dernier Mémoire sur la non-acclimatation naturelle des plantes par l'effet du temps et des nouveaux moyens à tenter pour l'obtenir.

M. Abeille de Perrin était avant tout un homme pratique, et il se faisait un devoir de montrer à la Société, les résultats qu'il obtenait dans les semis de plantes nouvelles qu'il cultivait lui-même à sa campagne du Portail-Vert à Sainte-Marguerite.

Permettez-nous de vous donner un aperçu des diverses présentations qu'il a faites en séances de la Société depuis 1856.

Dans la séance du 13 août, notre président honoraire montre des vases doubles qu'il a fait monter sur des pieds; par ce moyen, les plantes s'arrosent par imbibition. Ce modèle, qui fut confectionné par notre collègue M. Caillol, potier d'Aubagne, a été plus tard présenté dans d'autres contrées comme une nouveauté.

A cette même séance, M. Abeille dépose sur le bureau des fleurs d'*Hibiscus*, de divers *Neriums* de ses semis; des fleurs du *Phlox Angelina*, de l'*Hypomea limbata*, du *Typa ignescens* et d'*Hibiscus ardens*.

Dans la séance du 13 mars 1857, M. Abeille présente des branches fleuries d'aubépine à fleurs roses et de cerisier à fleurs doubles; en septembre de la même année, un *Camara* nouveau, d'un beau jaune passant au rouge.

Le 10 mars 1858, un bouquet de Narcisse Grand-Monarque portant 16 fleurs. Le 12 mai, une plante de *Lilium umbellatum*, portant 5 fleurs et un joli semis de pin Pignon, plus le 14 juillet, un épi de blé momie dont un seul grain a donné 41 épis portant chacun 72 grains.

Passons à l'année 1859; à la séance du mois de février, M. Abeille nous apporte une courge Massue, provenant de ses cultures, de 1 mètre 18 centimètres de longueur sur une circonférence moyenne de 25 centimètres. Dans celle du mois de septembre, outre nombre de fleurs diverses, on remarque une plante de l'*Urtica Nivea*, de Chine. Et le mois de novembre nous apporte, de la part de notre collègue, une fleur de Chrysantème rouge, d'un coloris beaucoup plus vif que ceux connus jusqu'à ce jour.

Pendant l'année 1860, M. Abeille propose d'admettre dans la Société les jardiniers à moitié prix de cotisation, et il présente sur le bureau une tige de Ricin-sanguin, ayant 18 centimètres de circonférence, et provenant de ses cultures.

Si nous passons à l'année 1861, nous trouvons toujours notre président honoraire à son poste d'observateur praticien.

Au mois d'octobre, il nous montre des aubergines écarlates ayant les unes la forme des œufs de canard et les autres celle de la tomate, et en décembre de la même année, une tige de Ricin *Rutilans*, ayant 1 mètre de longueur sur 25 centimètres de circonférence, plus, le *Nicotiana sanguinea* et le *Callirhoe pedata*.

Les présentations de 1862 sont encore plus importantes ; en février, le *Daphné rubra,* en août, l'*Helianthus* de la Californie et deux *Neriums* de semis, dont un, *Rouge-Sanguin,* d'un coloris plus foncé que ceux connus jusqu'à ce jour.

Avec le mois d'octobre, nous voyons arriver sur la table d'exposition les *Bambusa mitis* (*Edulis*), *Nigra, Scriptoria, Twardasii* et *Variegata,* le *Colocase Violet,* un *Arum* à feuilles vertes bariolées de jaune, le *Panicum Sulcatum,* le *Cyclanthera pedata,* le *Cynanthera Explodens* et le *Trycosanthes Colubrina.*

L'année 1863 nous amène de nouveaux produits, toujours dus aux soins de notre président honoraire. En avril, six variétés de capucines, entre autres, le Roi des Noirs. En mai, des fleurs de *Geranium striatum,* la rose Thé Canaris et la rose Prince Noir.

Fleurs de géranium Surpasse-Tout et Baron Salomon ; en juin, une tige fleurie de Réglisse. Août nous apporte les Nériums doubles *Splendens* (couleur rosée), Maréchal Randon (rouge), Géant des batailles (rouge-sang), *Odorum, Duplecii* (rose pâle), *Splendens* à feuilles panachées (rose à petites fleurs), *Fonscolombianum* (blanc semi-double à petite fleur).

Nériums simples : *Sinensis* à odeur de violette, le blanc et le rose, Jeanne-d'Arc (blanc pur) et cuivré.

De semis : Carmin éblouissant extrà : Nankin, Jaune Paille, Pétales larges, Carné et plusieurs variétés roses foncées et roses pâles.

En septembre, les fleurs des Cannas (balisiers) dont les noms suivent: *Clematis tubulosa, Lobelia ardens, Rondeletia speciosa,* le Polygonum *Cuspidatum,* le Tecoma *Sambucifolia* et un fruit mûr du Cercus *Bomplandii.*

Une racine de Vétiver d'une odeur aromatique des plus marquée est récoltée par M. Abeille dans sa propriété en mai 1864, et en juillet de la même année, il nous montre un Soleil de la Californie et une plante de *Menta Gibraltanica*.

En novembre 1865, grâces à M. Abeille, nous voyons des fruits du *Brionopsis lacyniosa Cytro-carpa*, des chrysantèmes nouveaux et des fruits du *Cythoria ternata* à fleurs bleues.

Dans l'année 1867, notre honorable président présente, au mois d'août, huit variétés de *Phlox*, dont un de semis, blanc à cœur rose vif uni; plus, un *Nerium* de semis d'un carmin vif velouté, qui est sans contredit, le plus beau de ceux qui sont connus; on le désigne sous le nom d'*Ultra Carmineum*. Une collection complète de *Cannas* des fleurs d'*Hibiscus* et comme couronnement de ses travaux, un panicule d'un Gynerium de semis de toute beauté et à juste titre nommé *Palmiferum*.

Là devaient s'arrêter les présentations de notre respectable président honoraire; l'âge amenait avec lui des infirmités et il ne pouvait plus travailler, comme il le désirait, à ses études favorites.

Vers la fin de l'année 1868, il ne pouvait plus assister à nos séances, mais il nous envoyait quelques-unes de ces pages qu'il savait si bien écrire.

C'est le 24 décembre 1868 que la mort est venue endormir M. Abeille de Perrin. Calme vis-à-vis de ce repos éternel, ses dernières paroles ont été un souvenir pour tous ceux qu'il aimait.

Noble départ, qui prouve combien l'homme de bien est digne de se reposer dans le sein de l'éternité.

Les regrets de tous l'ont accompagné à sa dernière demeure, où M. le comte de Clapiers, notre président, lui a dit un dernier adieu au nom de cette Société qu'il a fondée, en lui laissant l'exemple du travail et de la persévérance.

Puisse son portrait, qu'une main pieuse a déposé dans la salle de nos réunions, y rester comme le gage de la bonne confraternité et du travail incessant, dont il a toujours donné l'exemple pendant toute sa vie.

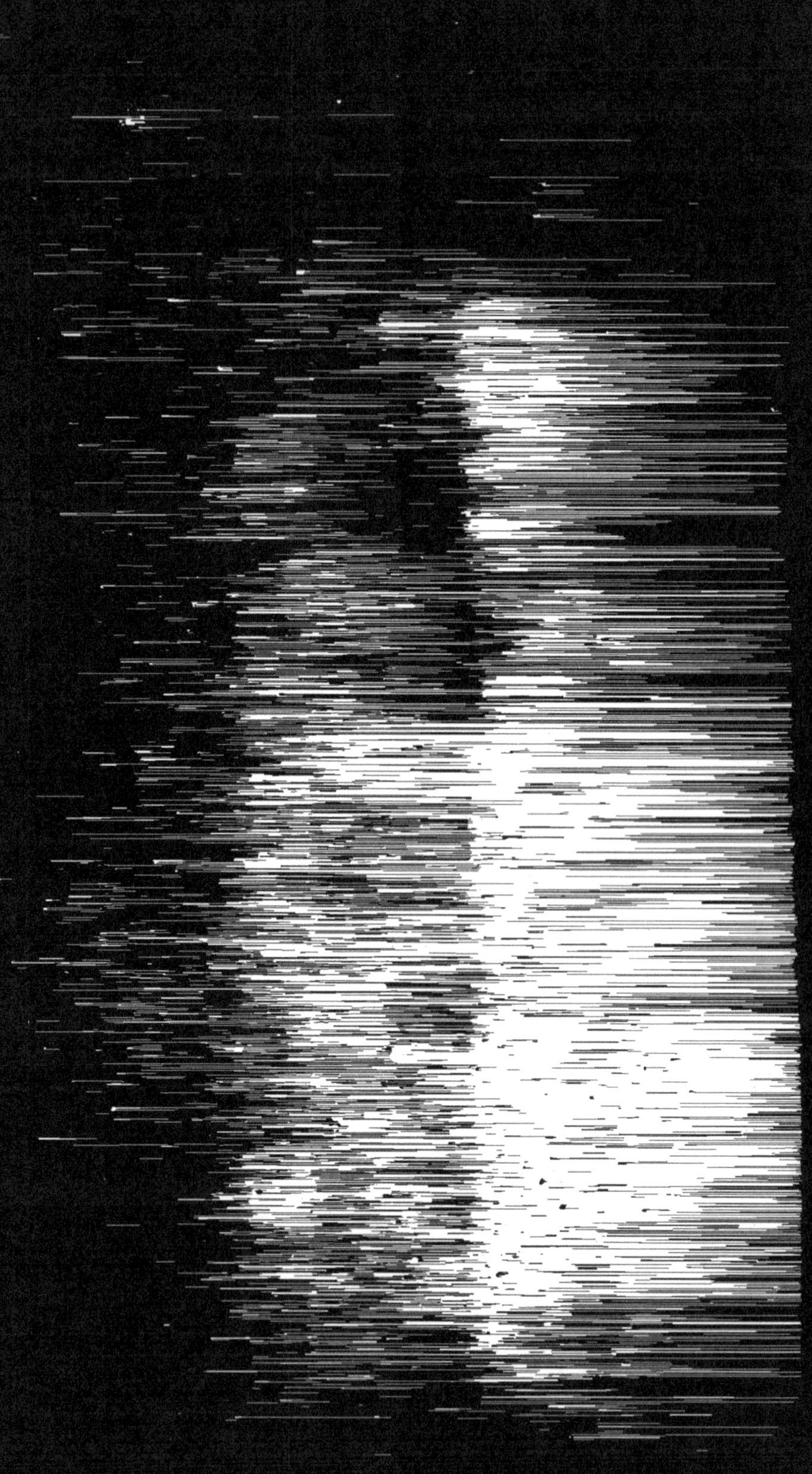

www.ingramcontent.com/pod-product-compliance
Lightning Source LLC
Chambersburg PA
CBHW061808060726
47597CB00007B/3168